Ee

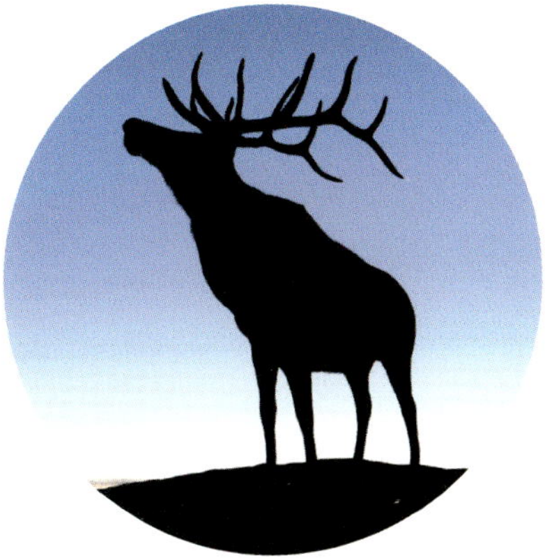

Ransom

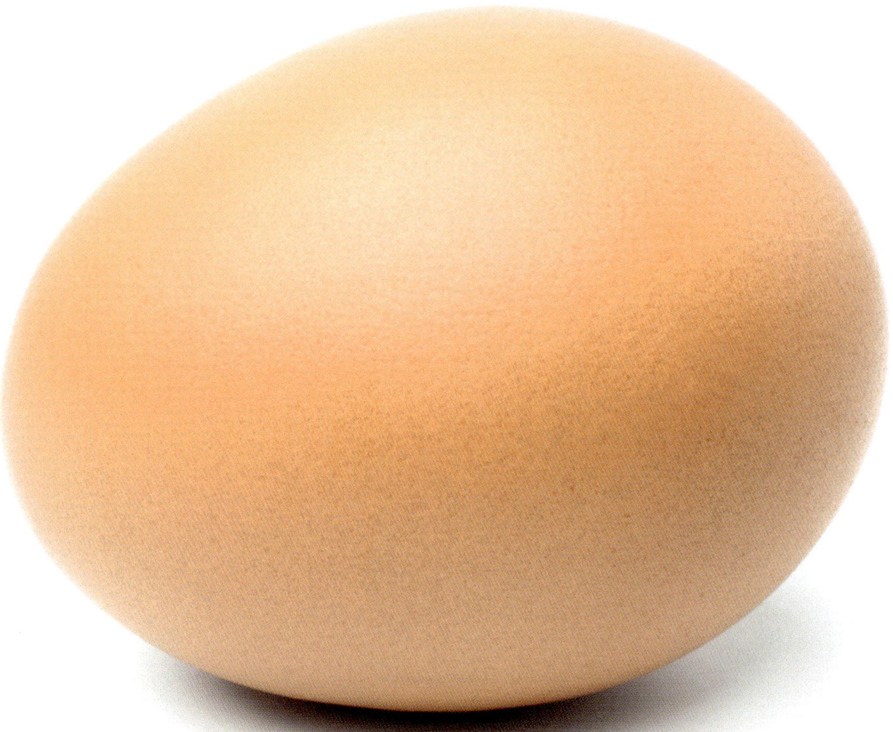

egg

red

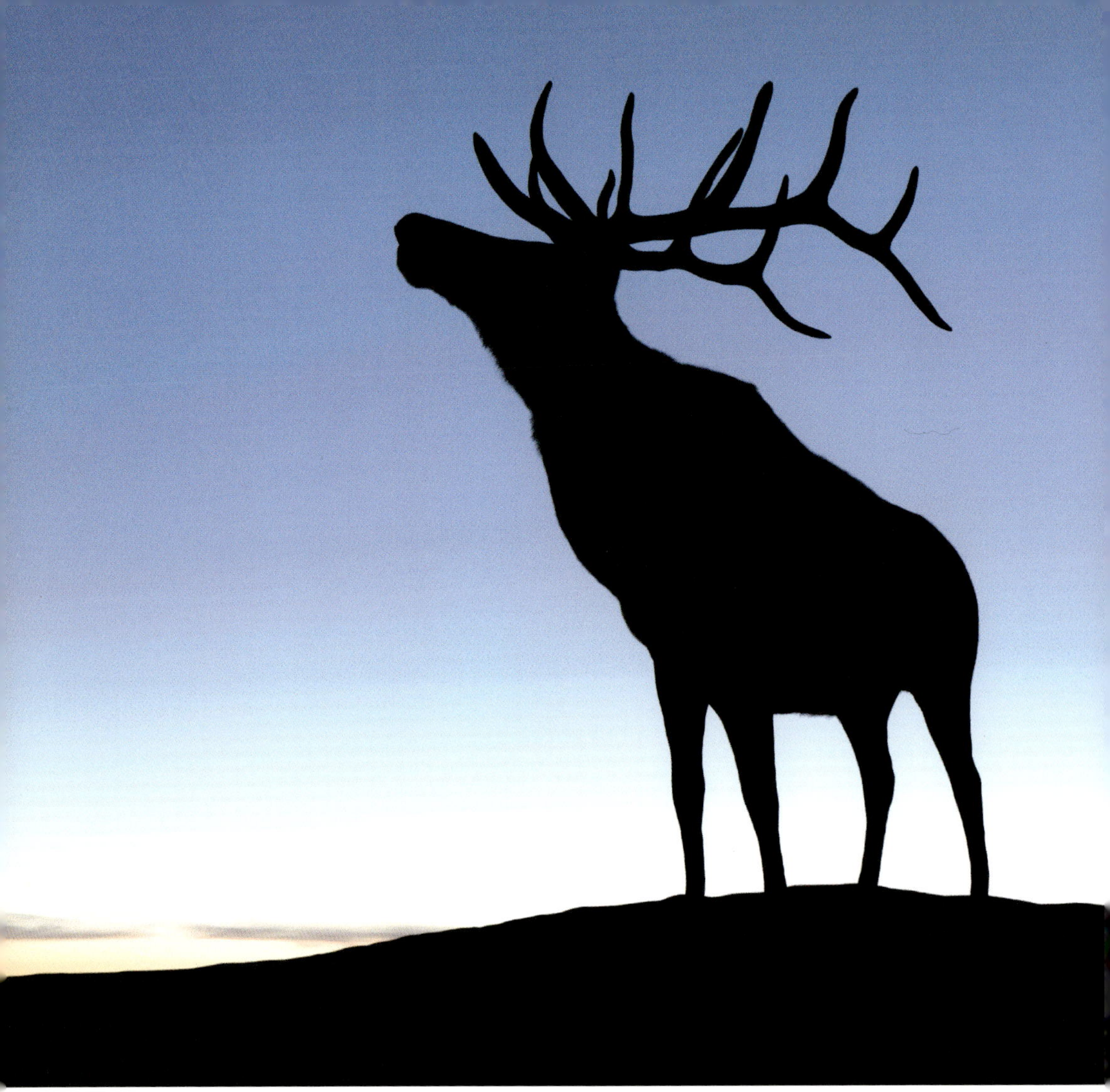

elk

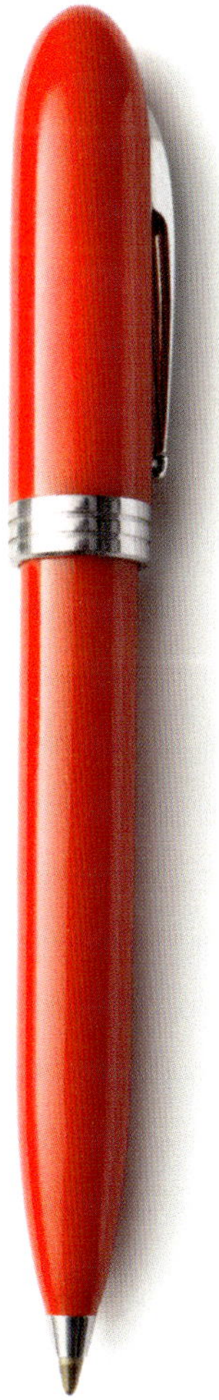

pen

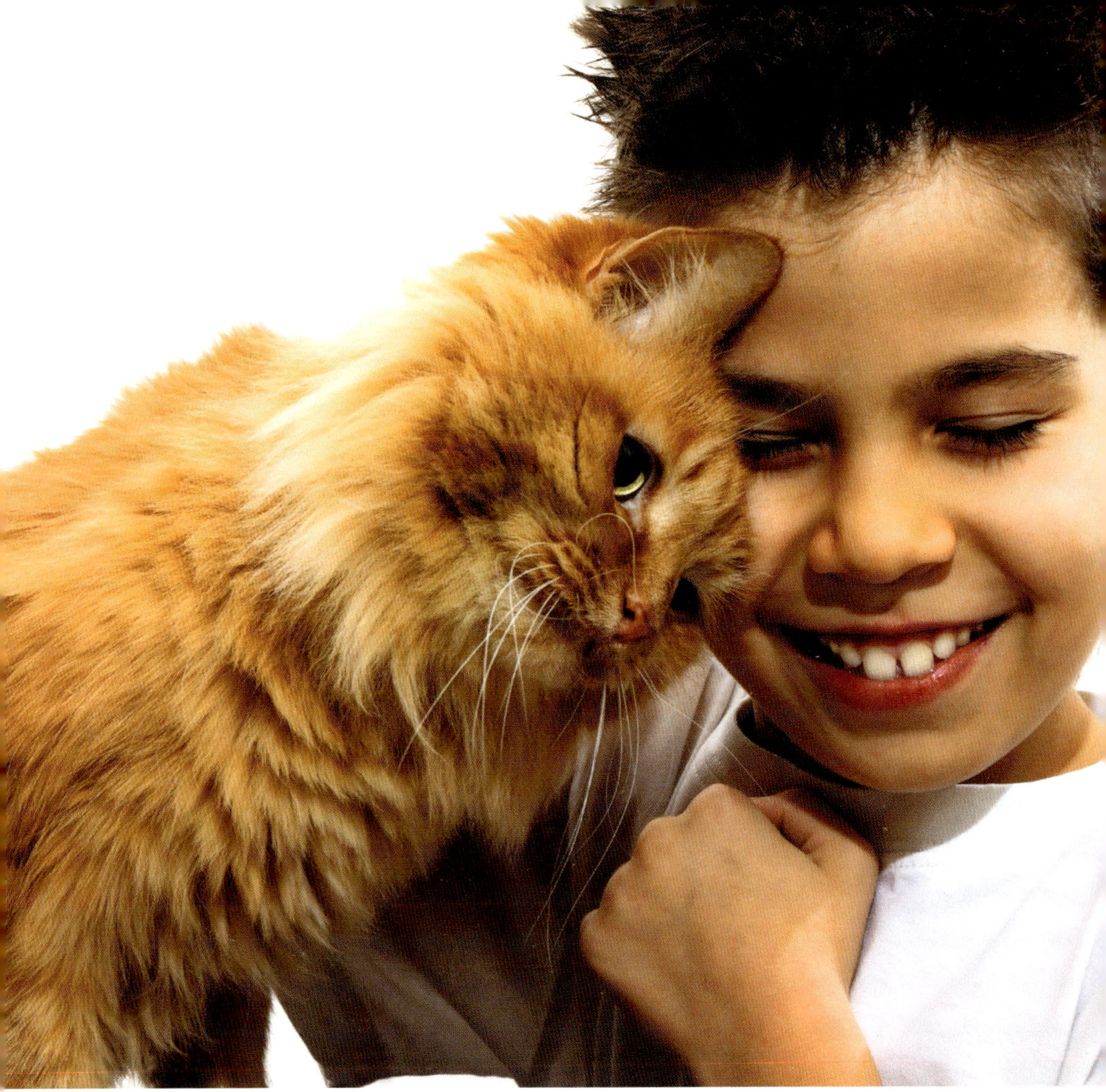

pet

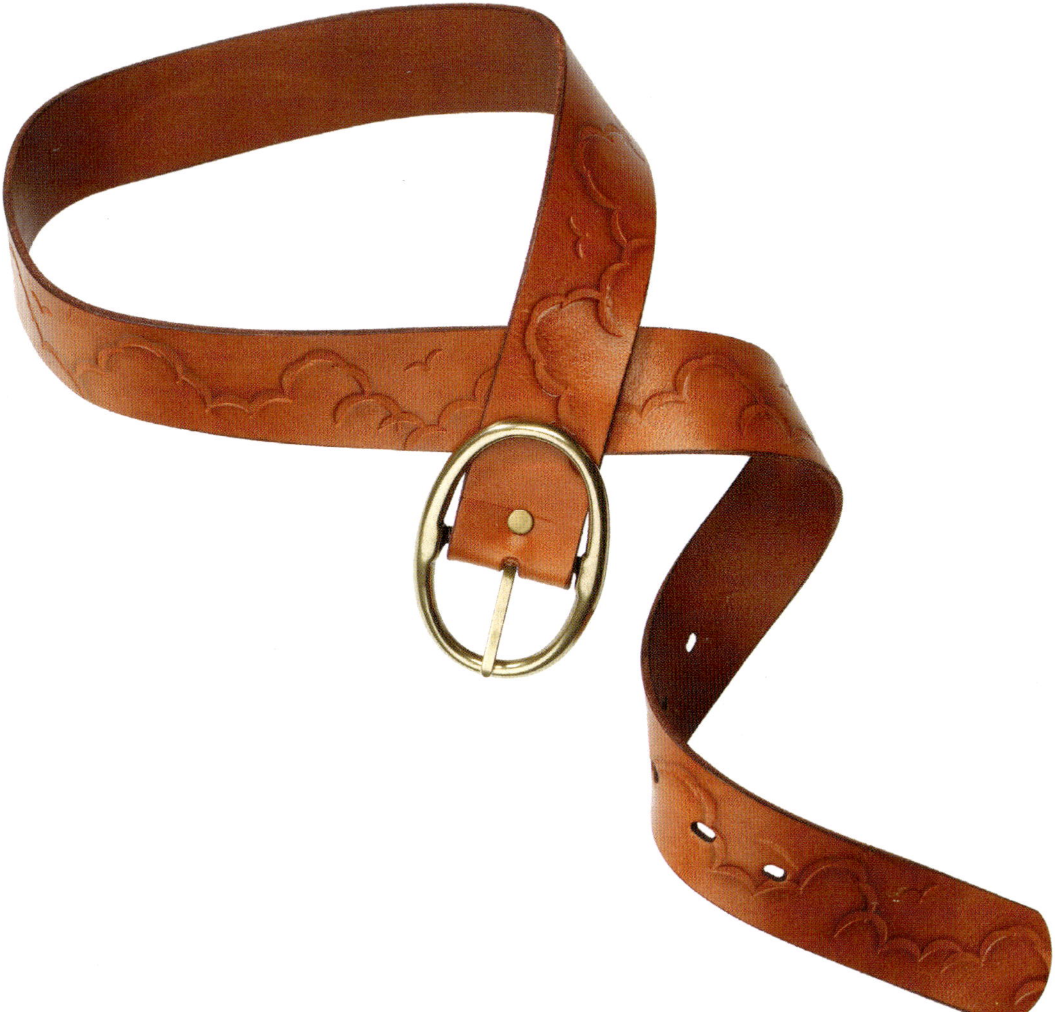

belt

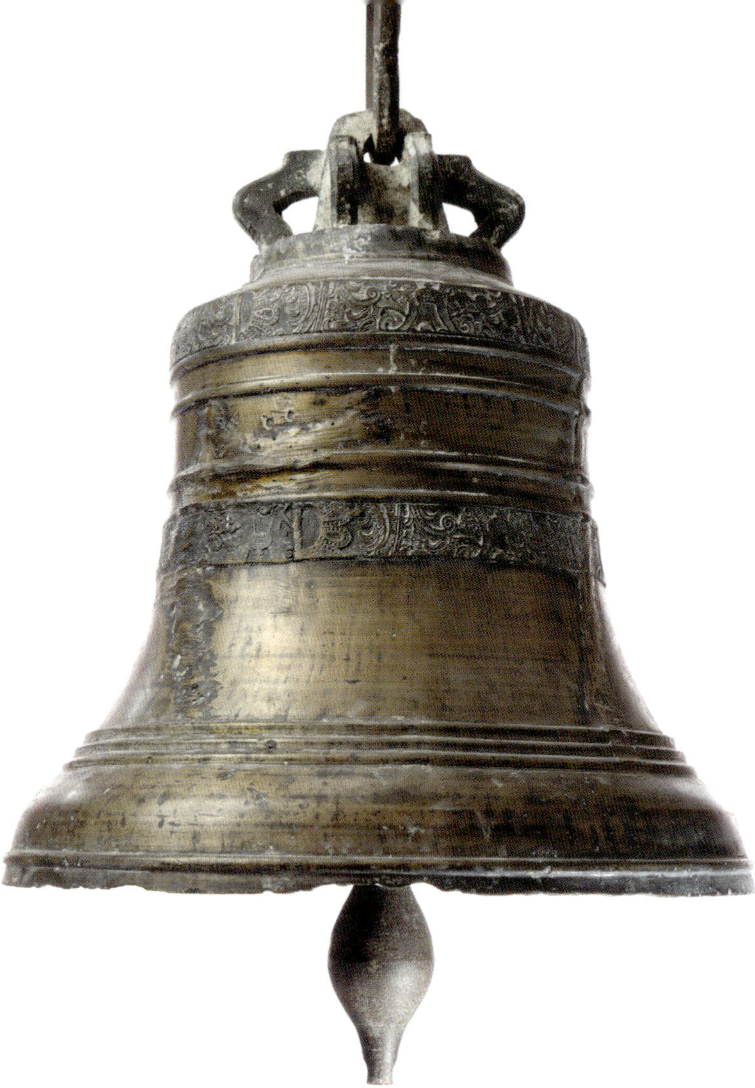

bell

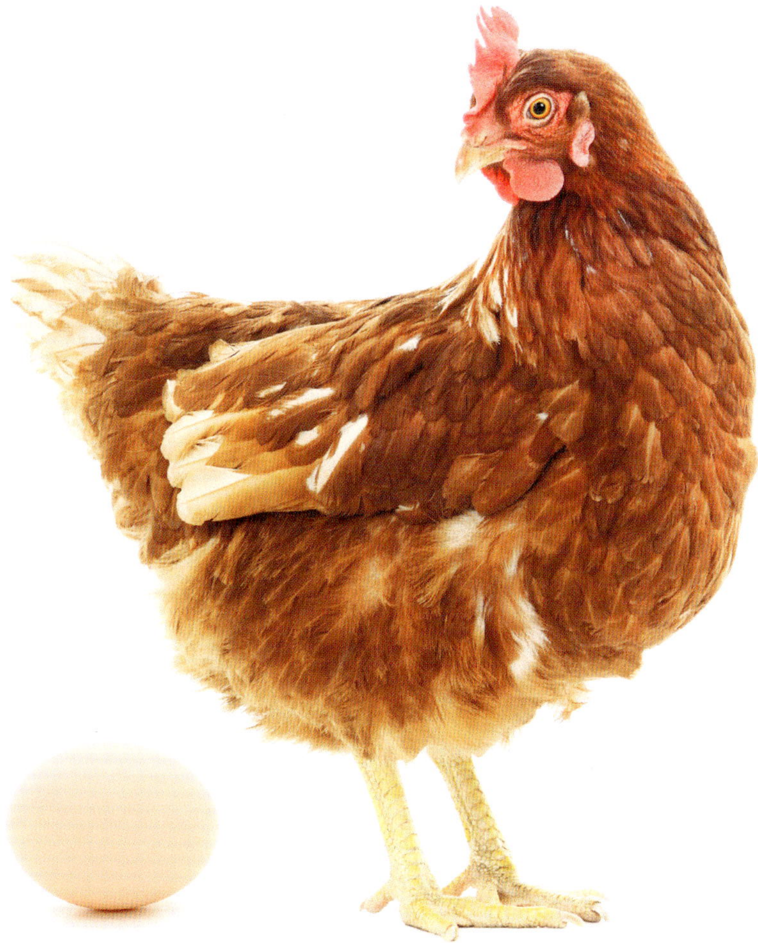

hen

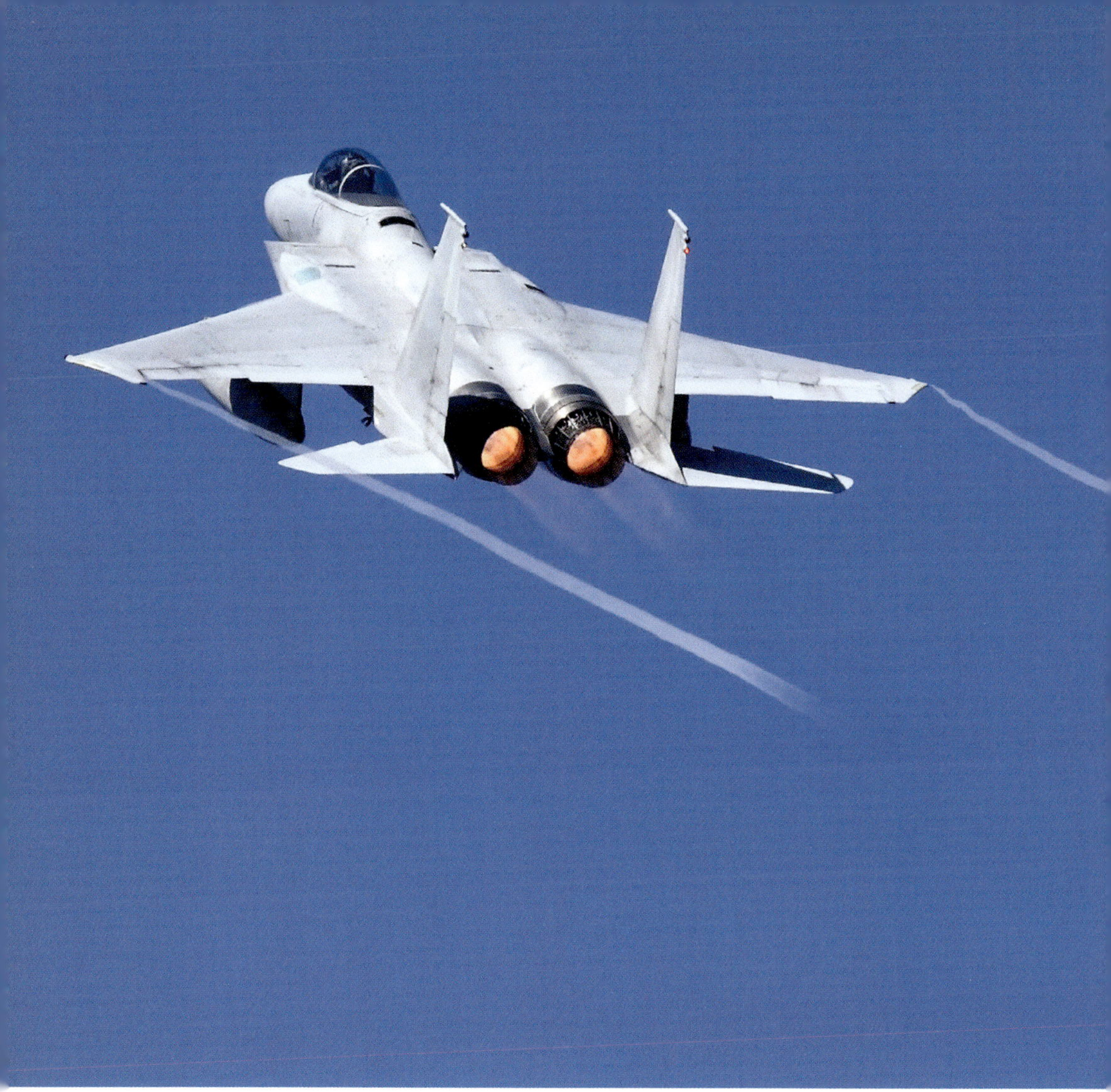

e e e e

e e e e

Ee

egg
red
elk
pen
pet
belt
bell
hen